Die amerikanische Kunst im Stedelijk-Museum im Amsterdam

Bernhard Paha

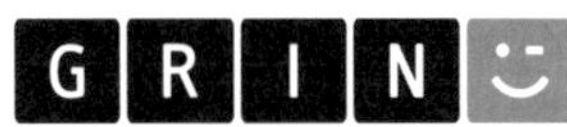

Bibliografische Information der Deutschen Nationalbibliothek:

Die Deutsche Nationalbibliothek verzeichnet diese Publikation in der Deutschen Nationalbibliografie; detaillierte bibliografische Daten sind im Internet über http://dnb.d-nb.de abrufbar.

ISBN: 9783346525154
Dieses Buch ist auch als E-Book erhältlich.

Nymphenburger Straße 86
80636 München

Druck und Bindung: Books on Demand GmbH, Norderstedt Germany
Gedruckt auf säurefreiem Papier aus verantwortungsvollen Quellen

Das Buch bei GRIN: https://www.grin.com/document/1144043

Die amerikanische Kunst

im Stedelijk-Museum in Amsterdam

Referat für das Hauptseminar:

„Die Auswirkungen des Kubismus auf die Kunst des 20. Jahrhunderts“

Überarbeitete Fassung

im Sommersemester 1992

an der Johann Wolfgang Goethe-Universität

Frankfurt am Main

Kunstgeschichtliches Institut

Verfasser: Bernhard Paha

Inhaltsverzeichnis

1. Einleitende Bemerkung zum Referat

Thema meines Referats war die amerikanische Kunst im Stedelijk-Museum in Amsterdam. Aufgrund zweier großer Ausstellungen waren jedoch sämtliche Exponate der ständigen Ausstellung nicht zu sehen. Im Entgegenkommen der Museumsleitung zu unserem Museumsbesuch waren aber in einem gesonderten Raum einige wichtige Exponate für uns zugänglich. Darüber hinaus fügte sich eine der großen Ausstellungen in ausgezeichneter Weise in das Thema ein. Sie bot die Möglichkeit, die Entwicklung eines wichtigen Vertreters zu verfolgen: Clyfford Still. Dessen Werk bot einen guten Anknüpfungspunkt, um die Situation der amerikanischen Malerei darzustellen.

2. Ausgangssituation der amerikanischen Malerei

Schon in den 20er-, 30er-Jahren gab es Bemühungen um eine von der europäischen, insbesondere der französischen, unabhängigen amerikanischen Malerei. Diese Bestrebung zur Unabhängigkeit der früheren Jahre formierte sich um Henry James, dem Verfechter einer Malerei mit typisch amerikanischen Szenerien. Sie stellte sich zum einen in Form eines Realismus mit sozialkritischem Anspruch dar. Zum anderen in einer naiv-stilisierenden Malerei wie beispielsweise derjenigen von Grand Wood. Der „Regionalismus", wie diese Strömung bezeichnet wurde, war größtenteils konventionell und im Aufbau des Bildes im Grunde der europäischen Malerei verpflichtet. Eine Gegenbewegung zu dieser Gruppe bildeten die „Modernen", die von Alfred Stieglitz unterstützt wurden. In seiner Galerie „291" hatten die Künstler Arthur G. Dove, Marsden Hartley, John Marin und Georgia O'Keeffe bereits in den Jahren von 1909 bis 1917 Einzelausstellungen. Prägten diese Künstler zum Teil einen sehr eigenen Stil aus, so standen sie sicherlich unter dem Einfluss moderner europäischer Malerei, die mit der „Armory Show" von 1913 vehement in die Vorstellungswelt der Amerikaner einbrach.

3. Abgrenzung von der europäischen Malerei

Im Kontrast zu den 20er- und 30er-Jahren bildeten in den 40er-Jahren Künstler eine Gegenbewegung zur europäischen Malerei, die eine abstrakte, vollkommen neue Bildkonzeption entwickelten. Clyfford Still stellt unter diesen sicherlich einen der radikalsten Vertreter dar. In Ablehnung und Leugnung jeglicher Einflüsse aus Europa versucht er, einen Isolationismus herzustellen. Es sei dahingestellt, wie weit eine solche Eigenständigkeit tatsächlich vorhanden war. Jedenfalls strebt er eine neue Bildkonzeption an. Hauptpunkt hierbei ist der Versuch, das, was in der europäischen Malerei – auch der abstrakten – die Komposition darstellt, aufzulösen.

Komposition, das bedeutet eine „relationale“ Malerei, in der die einzelnen Elemente so aufeinander bezogen bleiben, dass daraus eine Einheit entsteht, in der die Einzelelemente ihren Eigenwert weitestgehend nur in Beziehung auf die Gesamtheit gewinnen. Die Auflösung der relationalen Malerei wird das grundlegende Thema nicht nur von Clyfford Still, sondern für die gesamte Malerei dieser und der darauffolgenden Zeit.

4. Clyfford Still und die neue Bildkonzeption

Betrachtet man die Gemälde Stills, so scheint eine Bildkomposition tatsächlich nicht mehr auffindbar zu sein. Züngelnd flammenförmige Bildelemente enervieren die Bildfläche, lassen dabei einen Großteil der Fläche frei und fügen sich nicht in ein Ordnungsschema ein. Und dennoch ist das Bild organisiert. K. Kuh spricht von „those seemingly spontanous, yet calculated fields of color“ (Katalog Metropolitan Museum New York, 1979). Das Gemälde wird zu einem Kraftfeld, scheint sich zu immaterialisieren: „I never wanted color to be color. I never wanted texture to be texture, or images to become shapes. I wanted them all to fuse into living spirit“. (ebenda) Ein solches Kraftfeld kann aber nur entstehen, indem einzelne Bildelemente in die umgebende Bildfläche hineinwirken. Somit entsteht eine Spannung der Bildelemente untereinander. Dies ist keine Komposition mehr im herkömmlichen Sinne, in der die Bildelemente ausbalanciert werden. Es entsteht keine hierarchische Ordnung mehr. Jedes Bildelement ist gleich wichtig für den Gesamtausdruck. Und dennoch beziehen sich die einzelnen Elemente aufeinander. Daraus resultiert, dass diese Malerei genau genommen wiederum eine „relationale“ Malerei ist. Ein grundlegender Unterschied kann in dieser Hinsicht nicht zur europäischen Malerei aufgewiesen werden. Aber vielleicht ein anderer. So stellt die Größe des Formats eine Neuerung dar. Ein solches Format steigert die Wirkung des Bildes auf den Betrachter. Dieser wird überwältigt. Er kann nicht mehr in kühler rationaler Weise das Bild abwägen. Das Bild gerät in seiner Wahrnehmung in Bewegung. Eine besondere Relation, eine dynamische entsteht. In dieser können sich einzelne Bildelemente phasenweise in der Wahrnehmung fragmentieren, die Relation zu anderen Bildelementen löst sich auf. Trotz dieser Auflösung, die in der Überwältigung des Betrachters geschieht, ist für diesen, wenn er sich von dieser Wirkung wieder befreit, feststellbar, wie sehr er es doch mit einer genau abgestimmten Malerei, mit „kalkulierten Farbfeldern“ (K. Kuh) zu tun hat.

5. Jackson Pollock: „Action Painting“

Clyfford Still wird als abstrakter Expressionist eingeordnet. Unter diesen kann er jedoch nicht zu den Malern gezählt werden, für die der Malvorgang selbst zu einem Wesentlichen wird. Er ist kein „action painter". Ganz im Gegenteil zu Jackson Pollock. In seinen „All-over"-Gemälden bildet die auf dem Boden liegende Leinwand die Arena. Der Maler steht dem Bild als Objekt nicht mehr gegenüber. Subjekt und Objekt verschmelzen in einem fast ekstatisch zu nennenden Malvorgang. Kontrolle, „Komposition" scheinen sich vollkommen zu verlieren. Auch hier entsteht eine Organisation der Bildfläche, allerdings eine vollkommen neue. Durch die „dripping"-Linien entsteht ein nicht mehr auszulotender Raum. Linien erstrecken sich, die die „Verlängerung", die Sichtbarmachung der rhythmischen Bewegungen des Malers sind. Diese tragen in sich Rhythmus, Gegenläufigkeiten zum Rhythmus. Es entstehen Verdichtungen – insgesamt entsteht eine ordnende Gestaltung. So wie Jackson Pollock nach Phasen des Eintauchens ins Bild immer wieder zurücktritt und die einzelnen prozessualen Linien und Gestalten miteinander verbindet. Darin wird deutlich, dass Pollock nicht zu jedem Zeitpunkt das Bild als vollendet erklären kann. Es muss bildimmanent zu einem Abschluss kommen. Der Malakt ist das wesentliche Element. Allerdings hat er nicht unabhängig von der Bildgestaltung Geltung.

6. Frage der Bildbegrenzung bei Still und Pollock

Ganz anders als Stills kraftstrotzenden Gemälde sind Pollocks oftmals pulsierend. Bei beiden jedoch entsteht eine Spannung der Bildfläche. Diese ist nur deshalb vorhanden, da die Bildelemente auf die Abgrenzung der Bildfläche bezogen sind. Diese steht im Widerpart zur Gestaltung des Bildes, in dem die einzelnen Bildelemente sich zum Teil über die Bildbegrenzung fortsetzen zu scheinen. Dies darf jedoch nicht bedeuten, dass die Bildelemente dort beliebig abgeschnitten sind. Im Gegenteil besteht auch hier noch eine Beziehung auf die Immanenz der Bildfläche, lässt diese spannungsvoll werden. Schließt die konkrete Bildgestaltung eine Erweiterung der Bildfläche aus, so geschieht dies jedoch in der Imagination. Die Flammenform als auch die „dripping"-Linie beziehen sich nicht auf ein Zentrum. Sie sind dynamisch, in der Imagination ist eine unendliche Bewegung vorstellbar.

7. Das Verhältnis zur Malereitradition

In der neuen Bildgestaltung, die sich in den Werken von Still und Pollock zeigt, distanziert sich nur Still in seiner isolationistischen Haltung von der Malereitradition: Pollock lehnt eine solche Haltung ab:

> „Die Idee einer isolierten amerikanischen Malerei, die während der dreißiger Jahre hier so beliebt war, scheint mir ebenso absurd wie die Idee, eine rein amerikanische Mathematik oder Physik zu schaffen. (Claus, Malerei als Aktion, S. 62)

Für Pollock stellen sich Aufgaben, die aus der geschichtlichen Entwicklung der Malerei erwachsen:

> „Aber die grundlegenden Probleme der gegenwärtigen Malerei sind von jeder Nationalität unabhängig“. (ebenda, S. 62)

7. Barnett Newman und die „transzendentale Erfahrung“

Während Pollock die neue amerikanische Malerei in einem nicht unterbrochenen Verhältnis zur europäischen Tradition sieht, setzt Barnett Newman eine deutliche Zäsur. Dies geschieht allerdings nicht in einer Leugnung der Tradition wie bei Still, sondern in einer klar formulierten Loslösung. Diese hat in einer fundamentalen Ebene ihren Ausgangspunkt:

> „Philosophisch betrachtet beschäftigt sich der Europäer mit der Transzendenz der Dinge, während sich der Amerikaner mit der transzendentalen Erfahrung beschäftigt. (B. Newman, zitiert nach: M. Böckemühl, S. 64)

Einfacher formuliert besteht die Differenz in folgendem Aspekt: Die europäische Malerei beschäftigt sich mit dem, was im Bild dargestellt ist. Die neue amerikanische Malerei will das „Wie“ des Bildes hervortreten lassen. Das heißt, die Bildwirkung auf den Betrachter ist das Entscheidende. Der Bruch Newmans vollzieht sich an einem wesentlichen Vertreter, moderner, abstrakter Malerei: Mondrian. Dessen geistige Auffassung seiner Malerei, für die Farbe und Form nicht als solche Geltung haben sollen, sondern ein „geometrisches Äquivalent der Natur und natürlicher Gesetzmäßigkeiten“ (Max Imdahl, Who's …, S. 8) darstellen, ist eine Dimension, die Newman ablehnt:

> Ich habe Mondrian überwunden, ich habe das Diagramm zerstört.“ (ebenda, S. 8)

9. Aufhebung der Balance als Gestaltungsprinzip

Gerade an Mondrian kann auch ein anderer Abgrenzungspunkt verdeutlicht werden. Ist für die Gemälde der klassischen Phase Mondrians die Balance der Bildelemente wesentliches Gestaltungselement, so erstrebt Newman ein dazu Gegensätzliches an. Seine Gemälde sollen gerade unausgewogen, asymmetrisch sein:

> „I did have the desire that the painting be asymetrical and that it create a space different from any I had ever done, sort of-off balance.“ (B. Newman)

10. Gestaltlosigkeit als Gestaltungsprinzip

Diese Asymmetrie, der Verlust der üblichen Balance wird bei den großformatigen Gemälden, so auch bei „Cathedra“ von 1951, unserem Bildbeispiel im Museum, zunächst durch die Größe des Formats erreicht. Um die Bildwirkung zusätzlich noch zu verstärken, soll der Betrachter eine nur geringe Bilddistanz einnehmen. Dem Betrachter wird in dieser solchermaßen gearteten Konfrontation das unmöglich gemacht, was er üblicherweise anstrebt, und, vom Bildkonzept ausgehend, auch anstreben soll: Das Bild als Gesamtes, als Einheit wahrzunehmen. Hierdurch wird die relationale Malerei, die bei Still und auch bei Pollock teilweise noch besteht, tatsächlich aufgelöst:

> „Ein anschauliches Beziehungsgefüge der Teile untereinander und zum Ganzen besteht nicht. Der Blick kann nicht von Teilfläche zu Teilfläche wandern.“ (M. Bockemühl, S. 53)

Hieraus resultiert dann auch die Erfahrung der Asymmetrie, wenn hier überhaupt noch von einer Beziehung zu einer Symmetrie gesprochen werden kann. Im Grunde entsteht die Erfahrung der Gestaltlosigkeit, die im Verlust eines Beziehungspunktes, eines Halts den Betrachter stark beansprucht. Die Gestaltung des Bildes wird, so Böckemühl, zu einem „Mittel der Zurücknahme oder Überwindung von Gestaltung.“ (S. 53)

11. Transformation, Transzendenz der Bildfläche

Die Farbflächen sind jetzt in der Weise gestaltet, dass nicht so etwas wie eine Komposition hervortritt, sondern sich die Farbe zu reiner Wirksamkeit entfaltet. In „Cathedra“ beispielsweise entstehen auf dem Gemälde alleine dadurch Bildzonen, dass die Bildfläche von zwei Bildstreifen, sogenannten „zips“, durchzogen ist. Diese sollen keineswegs die Farbe in ein Bildgerüst einschließen – es gibt keine Horizontalen und Vertikalen wie bei Mondrian –, sondern sie gerade befreien, zur Wirksamkeit bringen. In dieser Hinsicht durchbricht der weiße Streifen in „Cathedra“ die blaue Fläche. Die blaue Fläche bricht auf und lässt eine nicht auszulotende Tiefe im Weiß entstehen, in die der Betrachter hineinzurutschen droht. Eine Transzendenz des Bildes eröffnet sich, in der die blaue Bildfläche das Identischsein mit dem Bildträger verliert, das bei einer vollkommen blauen Fläche gegeben wäre. Durch den Streifen, den „zip“, als auch die Asymmetrie der Fläche in ihrer Gestaltlosigkeit kann sich die Farbfläche über die Begrenzung des Bildes hinaus erweitern. Es entsteht ein „Bildkontinuum“, das aus dem „Flächenkontinuum“ (Imdahl, Who's ..., S. 15) erwächst. Dies ist die Form eines Illusionismus. Jedoch im Gegensatz zu traditionellen nicht mehr ein Raumillusionismus, sondern ein optischer Illusionismus. Zu dieser Form der Transzendenz schreibt Imdahl:

> „Entscheidend ist, daß das Bildfeld als eine begrenzte faktische Ebene transformiert werden kann in eine nach Seinsweise und Seinsdichte von ihm verschiedene und zugleich ihm entsprechende Totalität – und zwar durch Malerei." (ebenda, S. 12)

Als optischer Illusionismus geschieht die Transformation, die Transzendenz ausschließlich durch der Malerei eigene Mittel und nicht von der Mathematik abgeleitete, im Raum definierte Gegenstände, wie dies bei der Raumillusion der Fall ist.

12. Befreiung der Farbe

Nichts als die Farbe kommt zum Ausdruck, „nichts begegnet, das als der Verweis auf ein anderes Außerbildliches gelten könnte." (Böckemühl, S. 67) Mondrian hingegen zerstört nach Newman die Farben als Farben, ein Todeszustand, „a mortage" (Newman) entsteht, aus dem sie erlöst werden müssen und dürfen, denn „Why should anybody be afraid of red yellow and blue?" (Newman)

13. Kunst als Ethik

Allerdings kann die Wirkung, die die Farben auf diese Weise entfalten, eine solche Furcht als begründet erscheinen lassen. Aber diese Erfahrung bedeutet eine Herausforderung und im Standhalten eine Bereicherung des Betrachters. Malerei verlässt hier den Bereich des nur Ästhetischen:

> „[…] sie soll die innere Struktur des Beschauers gegen das faktisch gegebene, konventionelle Äußere freisetzen und den Betrachter zur moralischen Person erheben. Der Zusammenhang zwischen Erhabenheitserlebnis und Moralität ist gar nicht zu bezweifeln. Kunst soll ‚Ethik, nicht Ästhetik' (Newman) sein." (Imdahl, Who's ..., S. 27)

Keinesfalls verwechselt werden darf diese Vorstellung jedoch mit einer solchen, die Ethik zur Kunst werden lassen will. Nicht von außen wird etwas an die Malerei herangetragen, sondern aus ihrer Wirkung heraus muss sich dies zu einer „transzendentalen Erfahrung" entfalten.

14. Ausdruck der ursprünglichen Strukturen des Lebens

Newmans Vorstellung von Malerei hat eine gewisse Verwandtschaft mit der von Clyfford Still. Beiden ist es um das Erhabene, das Sublime zu tun. Während Still jedoch den „living spirit" in seiner Malerei zum Ausdruck bringen möchte, so Newman den „Gedankenkomplex, der Kontakt herstellt mit dem Geheimnis des Lebens." (B. Newman, zitiert nach: Barbara Rose, S. 157) Still, der in der Nachfolge Nietzsches steht, verbleibt in der Immanenz des Sinnlichen. Newman hingegen geht zwar auch von der sinnlichen Erfahrung aus. Diese soll sich aber zu einem Geistigen transzendieren: „Denn nur der reine Gedanke hat Bedeutung." (Newman, ebenda, S. 157) Ob er sich hier nicht wieder Mondrian nähert, ist eine Frage, die sich stellt. Denn geht nicht auch Mondrian zunächst von der Wirkung der Farben aus, in denen sich zugleich aber auch ein geistiges Prinzip verkörpert?

15. Mark Rothko: innere Befreiung

Eine mit Newman vergleichbare Vorstellung von Malerei findet sich bei Mark Rothko, wenn er auch im Gegensatz zu Newman der materiellen Realität eine Eigenständigkeit zugesteht:

> „Ich halte fest an der stofflichen Wirklichkeit der Welt und an der Substanz der Dinge. Ich erweitere diese Wirklichkeit nur hinein in einen Bereich, dem ich gleiche Eigenschaften zuschreibe wie der erfahrbaren Wirklichkeit in unserer gewohnten Umgebung: Ich bestehe auf der gleichberechtigten Existenz der Welt, die der Geist hervorbringt, und der Welt, die Gott geschaffen hat" (Katalog Museum Ludwig Köln, 1989, S. 7).

Eine geistige Welt soll in seinen Gemälden hervortreten, die ebenso wirklich, konkret ist wie die Dingwelt. Die Unterscheidung von abstrakter und gegenständlicher Kunst verliert so ihre Relevanz. Entscheidend ist für Rothko die Wirkung auf den Betrachter:

> „Ich glaube nicht, dass die Frage jemals war, abstrakt oder gegenständlich zu sein. Es kommt darauf an, dieses Schweigen und diese Einsamkeit zu beenden, zu atmen und seine Arme wieder auszustrecken" (zitiert nach: Claus, S. 72)

Deutlich wird hier auch wieder eine die reine Ästhetik übersteigende Intention, nicht eine unmittelbar politische oder zeitkritische, sondern eine das Innere des Menschen betreffende: eine innere Befreiung soll geschehen.

16. Identitätsproblematik

Überblickt man die Ausrichtung der amerikanischen Malerei dieser Zeit im Allgemeinen, so lässt sich eine Tendenz erkennen: die Beschäftigung mit dem Problem der Identität. Ist dies auch eine zentrale Problematik der europäischen Nachkriegskunst, so stellt sich die Konfrontation damit nach Ansicht eines anderen abstrakten Expressionisten, Robert Motherwell, in anderer Weise dar:

„Stammesriten sind hier weniger stark. Dadurch liegt mehr Druck auf dem Individuum in bezug auf die Frage, was mit seiner Identität geschieht. Es muss allein wählen. Ich kann nicht sagen, wie sehr man, zumindest in solch einem Unterfangen, auf sich allein gestellt ist, wie viel mehr als in Europa, soweit ich es kenne, obgleich man uns für die großen Konformisten hält. Dafür ist, ohne es zu romantisieren, ein furchtbarer menschlicher Preis zu zahlen. Man muß unter solchen Bedingungen entweder in einer Art ein „Held" sein, oder man existiert überhaupt nicht". (zitiert nach: Claus, Kunst heute, S. 49)

Dieses Zitat beleuchtet wesentliche Aspekte der amerikanischen Malerei dieser Zeit, so die Erhabenheit in Werken Stills und Newmans, die Perspektivenvielfalt der All-over-Struktur eines Pollock, insgesamt die Anforderung an Künstler und Betrachter, seine Identität zu behaupten, und damit zusammenhängend die Gefährdung des Individuums.

17. Differenz von Abstraktem Expressionismus und Subjektivismus

Die Problematisierung der Position des Individuums im Abstrakten Expressionismus darf jedoch nicht als eine Subjektivierung der Kunst angesehen werden. Nicht das einzelne Individuum und dessen künstlerischer Ausdruck ist von Interesse, sondern vielmehr das Individuum im Allgemeinen, seine Existenz, seine grundsätzliche Wahrnehmung der Welt und die künstlerischen Strukturen, die daraus erwachsen. Dies geht allein schon hervor aus der Abgrenzung zur europäischen Malereitradition, die im Ganzen geprägt ist von einem Humanismus, in dem das einzelne Individuum eine außerordentliche Beachtung erhält. Trotz dieser Einschränkung ist immer noch das Individuum zentraler Fluchtpunkt des Abstrakten Expressionismus, und sei es nur in der Beziehung auf einen Betrachter, so wie Newman von einer „idea that 'Man is Present'" spricht.

18. Minimal Art: Distanzierung vom Abstrakten Expressionismus

Eine weitere Entwicklung der amerikanischen Malerei, die 'Minimal Art' distanziert sich ausdrücklich vom Abstrakten Expressionismus. Sie lehnt Pathos und Expression ab, die aber wie oben dargestellt nicht als Subjektivismus missverstanden werden darf. Auch wenn dies nicht der Fall ist, so dürften doch Pathos und Expression, worin teilweise Geistiges und Transzendentes zum Ausdruck kommt, Grund genug für eine Ablehnung gewesen sein. Zunächst verkörperte sich dies in Gestalt der Pop Art, in deren Klima dann auch die Minimal-Art entsteht.

19. Minimal Art und Pop Art

Ein Einfluss der Pop Art auf die Minimal Art besteht im Negieren individueller Spuren des Künstlers im Kunstwerk. So wie in der Pop Art Alltagsgegenstände scheinbar unverändert, ohne größere gestalterische Eingriffe zum Sujet des Kunstwerks oder als Objekte selbst zum Kunstwerk werden, so zeigt sich auch die Minimal Art anonym. Auch wird bei ihr wie bei der Pop Art die Unterscheidung zwischen „High“ und „Low Art“ aufgegeben. Donald Judd sagt hierzu:

> „Bis vor kurzem galt Kunst als eine Sache und alles übrige als etwas anderes. Die Ingenieur-Konstruktionen sind aber Kunst wie alles, was Menschenwerk ist […] Es ist besser, Kunst und Nicht-Kunst zunächst als eine ganze Sache zu betrachten und dann erst zur graduellen Differenzierung zu schreiten“. (Katalog Kunstmuseum Basel, 1976)

20. Grundlegende Konzeption der Minimal Art

Die Differenzierung, von der Judd spricht, besteht darin, einfach wahrzunehmen, was zu sehen ist:

> „Das, was Sie sehen, ist das, was sie sehen“. (Frank Stella, zitiert nach: Katalog Staatsgalerie Stuttgart, S. 54)

Hierin besteht die Grundkonzeption der Minimal Art. Die Kunst soll von jeglicher Inanspruchnahme freigehalten werden, allein die Wahrnehmung zählt:

> „Eine Form, eine Masse, eine Farbe, eine Oberfläche ist in sich schon etwas und sollte nicht als Teil einer völlig anderen Gesamtheit darin versteckt liegen“. (Donald Judd, zitiert nach: Minimal Art, S. 38)

In dieser Freilegung der Wahrnehmung besteht eine Weiterführung von dem, was im Abstrakten Expressionismus eines Barnett Newman hervortrat, der eine geistige Überfrachtung in Form einer Transzendenz der Dinge ablehnt. Die Minimal Art geht aber noch weiter, indem sie eine „transzendentale Erfahrung“ als über das Konkrete hinausgehend ablehnt. Grundsätzlich aber lässt sich die Minimal Art als Fortführung einer neuen Bildkonzeption in Abgrenzung zur europäischen Kunst ansehen.

21. Kunstkonzeption der Minimal Art: Non-relational Art

In der hierarchisch strukturierten Bildordnung der Relational Art verlieren die einzelnen Bildelemente ihren Eigenwert innerhalb der Gesamtkonzeption:

> „[…] das Relationale als eine Struktur der Subordination ungleicher Elemente unter ein von diesen selbst konstituiertes Ganzes“. (Imdahl, Frank Stella, S. 3)

Die Minimal Art entwickelt ein dazu alternatives Konzept, in dem zwar auch ein Ganzes vorhanden sein soll, die Teile diesem gegenüber jedoch ihre Autonomie bewahren und entgegen einer Hierarchie alle gleichwertig sind. Dies ist dann der Fall, wenn die einzelnen Elemente tatsächlich vollkommen gleich sind. Durch Reihung, Wiederholung (Iteration) entsteht dann ein jeweiliges Ganzes. Teil und Ganzes sind dann eines und lassen sich nicht gesondert betrachten. Diese Ganzheitsvorstellung widerspricht der traditionellen, denn für diese wäre die Aneinanderreihung gleicher Elemente bloße Dekoration.

Für Judd jedoch bewegt sich eine serielle Anordnung außerhalb solcher Bewertungskriterien:

> „Einer oder vier nebeneinandergestellte Kästen, ein einzelner Gegenstand oder eine Gruppe, ist räumliche Ordnung, gerade noch eine Aufteilung, kaum Ordnung überhaupt. Es ist meine Gruppierung oder die eines anderen, und offensichtlich keine größere Ordnung. Sie hat nichts mit Ordnung oder Unordnung im allgemeinen zu tun. Beide sind Tatsachen. Die Gruppierung von vier oder sechs ändert nicht das galvanisierte Eisen oder Stahl oder das, woraus auch immer die Kästen gemacht sind". (Katalog, Minimal Art, S. 38)

Nicht eine Ordnung soll sich herstellen, in der für den Betrachter ein „Vergleichen, Eins-nach-dem-anderen Analysieren oder Nachsinnen" (D. Judd, zitiert nach: Westkunst, S. 276) nötig wird, sondern ein Kunstobjekt soll als Tatsache unmittelbar ins Auge springen:

> „Das Ding als Ganzes ist das Interessante. Die Hauptsachen stehen für sich allein und wirken intensiver, reiner und kraftvoller" (Westkunst, S. 276).

Hierdurch verliert sich der relationale Charakter der einzelnen Bildelemente, jedes Element und seine Eigenschaften wird gleich wichtig:

> „In den neuen Arbeiten stehen Form, Image, Farbe und Oberfläche autonom, nicht als Teil und verstreut. Es gibt keine unbeteiligten oder zweitrangigen Gebiete oder Teile, keine verbindenden oder überleitenden Flächen". (ebenda, S. 276)

Das Ganze ist jetzt nicht mehr ein kompositionell Entstandenes, sondern das, was dem Betrachter gegenübersteht, das „Ding als Ganzes", zu dem die verschiedensten Aspekte notwendig als Beschaffenheiten des Dinges dazugehören. Diese Beschaffenheiten sind nicht „Teil", da sie das Ganze als ein Aspekt selbst sind, somit mit dem Ganzen nicht erst verbunden werden müssen.

22. Die neue Beziehung zum Betrachter

Aus dieser Non-relational Art entsteht eine ganz neue Beziehung zum Betrachter:

> „Eine wichtige Konsequenz ist, daß die Non-relational Art, indem sie die bildimmanente relationale Vermitteltheit der Bildelemente miteinander preisgibt, das Hermetische des Kunstwerks aufbricht, zu gunsten einer unmittelbaren Beziehung zwischen Betrachter und Werk. Der Beschauer verhält sich zum Werk in derselben Direktheit wie zur Realität und erfährt sich als selbst in demselben Raum befindlich wie dieses". (Imdahl, S. 6)

Hierzu lässt sich Frank Stella anführen:

> „Der Akt des Ein-Gemälde-Anschauens sollte automatisch das Gefühl für den Raum des Gemäldes ausdehnen, sowohl wörtlich wie imaginär. In anderen Worten: die räumliche Erfahrung des Gemäldes sollte nicht scheinbar an den rahmenden Kanten aufhören oder durch die Bildfläche abgeriegelt sein. […] Das Gefühl einer geformten räumlichen Präsenz und wirklicher Aktion dehnt erfolgreich die Empfindung pikturalen Raums aus". (zitiert nach: Katalog Staatsgalerie Stuttgart, 1989)

Durch diese „wirkliche Präsenz" entsteht eine sozusagen „taktile" (Stella) Wahrnehmung gegenüber einer nur illusionären. In dieser Position Stellas besteht eine deutliche Gemeinsamkeit zu Barnett Newman, der eine Transformation der Bildebene als faktisch gegebener anstrebt, und auch zu Mark Rothko, dessen Gemälde in ihrem „Überangebot von strukturaler Differenzierung" (M. Bockemühl, S. 55) eine stark taktile Ausstrahlung besitzen.

24. Besondere Position Frank Stellas

Mit Stella liegt eine Position vor, die in der Einbeziehung eines optischen, suggestiven Illusionismus über das nur Faktische der Minimal Art hinausgeht. So will Stella seine Gemälde auch nicht als Minimal Art verstanden wissen:

> „Meine Bilder sind nicht minimal, sie versuchen nicht, einfach dazusitzen und sich als ordentliche Objekte zu präsentieren. Meine Bilder sind Bilder über Malerei-Sein". (zitiert nach: Katalog Staatsgalerie Stuttgart 1989, S. 54)

Eine reine Buchstäblichkeit des Kunstwerks kann es nicht geben. Es verweist mit Notwendigkeit über sich hinaus. Hierhin unterscheidet sich Stella zunächst aber nicht von der Minmal Art, beispielsweise eines Donald Judd, für den es selbstverständlich ist, dass „Inhalt und Form nicht voneinander zu trennen [sind]" (Katalog Minimal Art, S. 38). Die Differenz zur Minimal Art liegt jedoch darin, dass seine Kunst in sich schon eine Reflexion über Buchstäblichkeit und Nicht-Buchstäblichkeit ist, die in der Minimal erst im Betrachter hervorgerufen wird.

25. Schlusswort

Dieser Durchgang durch eine überaus wichtige Phase der modernen Kunst ist der Versuch einer ersten Annäherung. Es bleiben wesentliche Unklarheiten, viele Fragen eröffnen sich erst. Diese bieten jedoch den Ausgangspunkt für spannende weitere Betrachtungen und Analysen.

Literaturverzeichnis

Michael Bockemühl. Die Wirklichkeit des Bildes: Bildrezeption als Bildproduktion. Stuttgart: 1985.

Jürgen Claus. Kunst heute: Personen - Analysen – Dokument. Frankfurt/M.: 1986.

Derselbe. Malerei als Aktion: Selbstzeugnisse d. Kunst von Duchamp bis Tàpies. Berlin: 1986.

Max Imdahl. Zu Barnett Newmans „Who's afraid of Red, Yellow and Blue. Stuttgart: 1971.

Derselbe. Frank Stella. Sanborneville II. Stuttgart. 1970.

Ausstellungskataloge

Minmal Art. Akademie der Künste, Berlin 23. März – 27. April 1969.

Clyfford Still. The Metropolitan Museum New York. Edited by John P. O'Neill. New York: 1979.

Mark Rothko. 1903-1970. Retrospektive der Gemälde. Museum Ludwig Köln, 30. Januar – 27. März 1988.

Frank Stella. Black Paintings 1958 – 1960, Cones and Pillars 1984-1987. Staatsgalerie Stuttgart 20.11. 1988 – 12.02.1989.